Mein erstes Wörterbuch von

RAVENSBURGER BUCHVERLAG

A

die Angel

der Adler

Aufgepasst!
Heute angelt die Maus.
Hat sie schon etwas
am Angelhaken?

der Angelhaken

der Adventskranz

die Ameise

der Affe

die Astronautin

der Aal

das Aquarium

die Ananas

der Anker

der Anhänger

das Auto

die Ampel

Mit dem superschnellen Schlitten saust die Maus den Schneehang hinab.

... schöööön!

die Schneeflocke

der Schal

der Schlitten

der Schatten

der Schneemann

die Schaufel

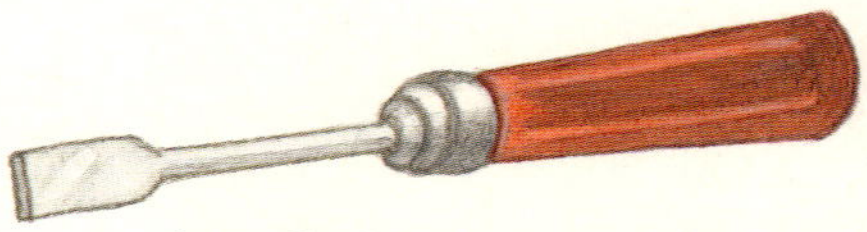
der Schraubenzieher

die Schraube

der Schmetterling

die Schere

der Schlüssel

das Schaf

das Schwein

die Schildkröte

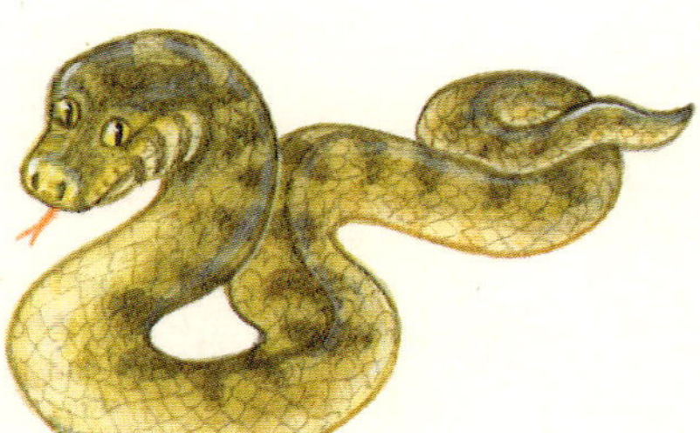
die Schlange

die Schnecke

die Taschenlampe

die Teekanne

die Tasse

die Tomate

Mäuslein telefoniert
täglich mit Tom:
„Tag Tom!
Wie geht's?"

das Telefon

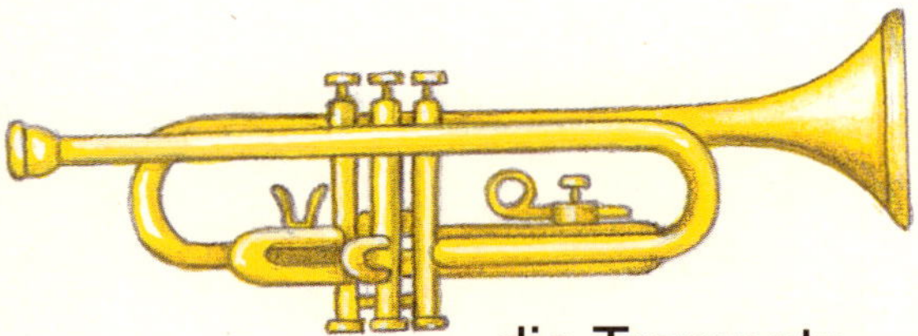

die Trompete

der Teddybär

der Tiger

der Tisch

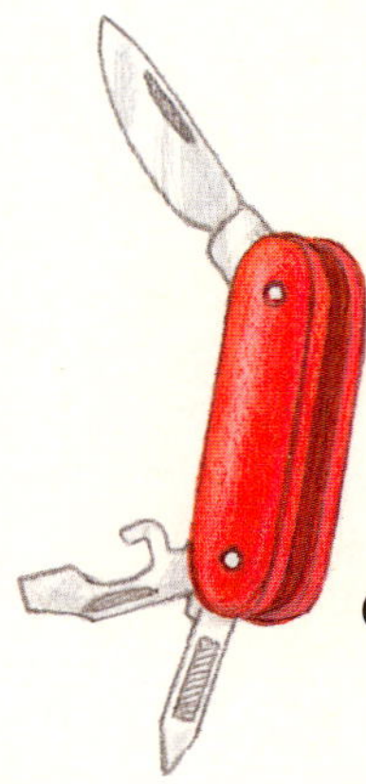

das Taschenmesser

die Tulpe

der Traktor

der Tannenbaum

der Salat

der Sack

der Stern

die Sonne

S

die Sonnenblume

Spagetti mit Soße zu essen findet die kleine Maus sehr schwer.

die Spagetti
die Soße

das Salz

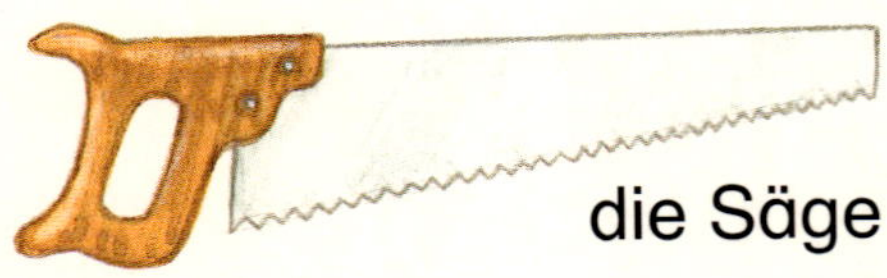
die Säge

das Sofa

die Socken

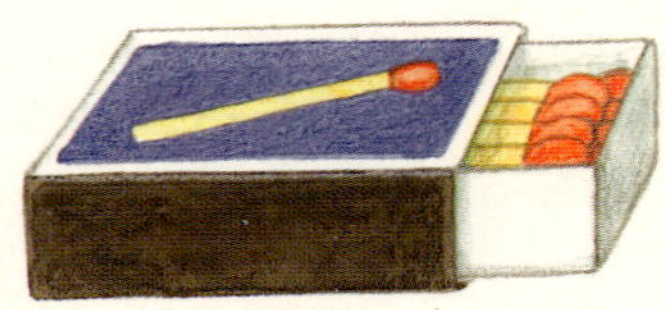
die Streichholz-
schachtel

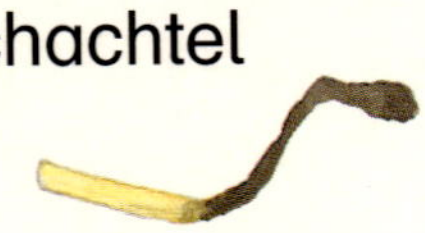
das Streichholz

der Regenbogen

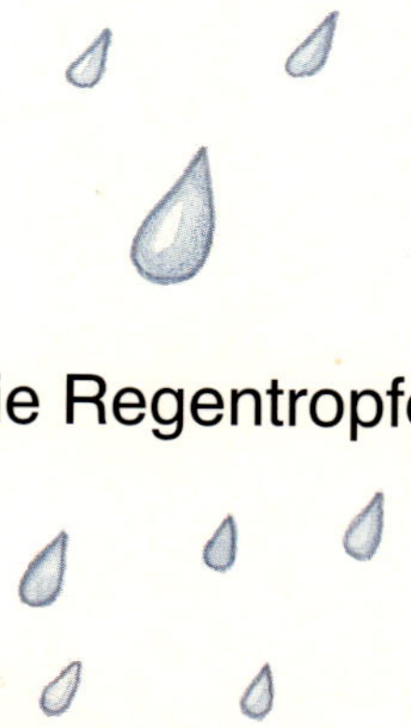

die Regentropfen

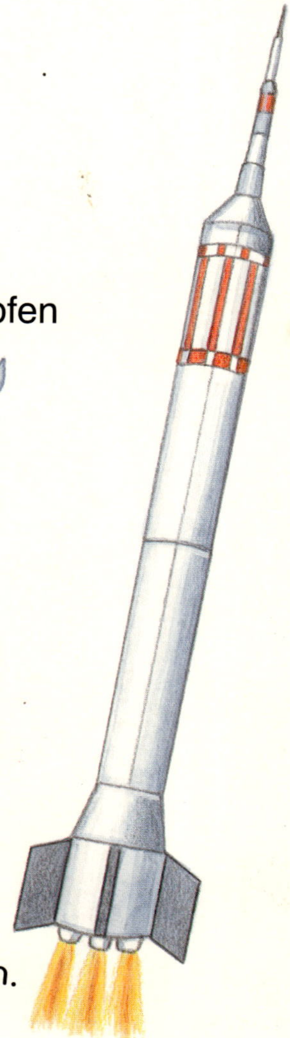

die Rakete

der Regenschirm

der Reißverschluss

der Regen-
mantel

Raus in den Regen!
Mit ihrem
roten Schirm
bleibt Mausi trocken.

das Rennauto

der Rucksack

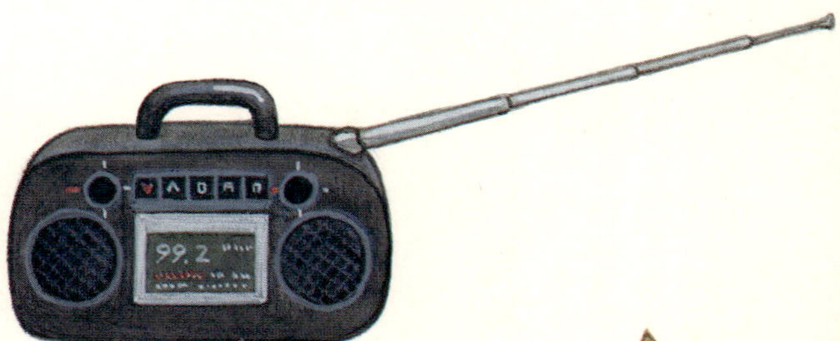

das Radio

der Ritter
(in der
Ritterrüstung)

die Rosinen

das Reh

Q

„Quaaak!“
Mausi macht
mal wieder
Quatsch.

die Quietscheente

der Quark

die Qualle

R

der Rabe

die Raupe

der Ring

das Radieschen

der Regenwurm

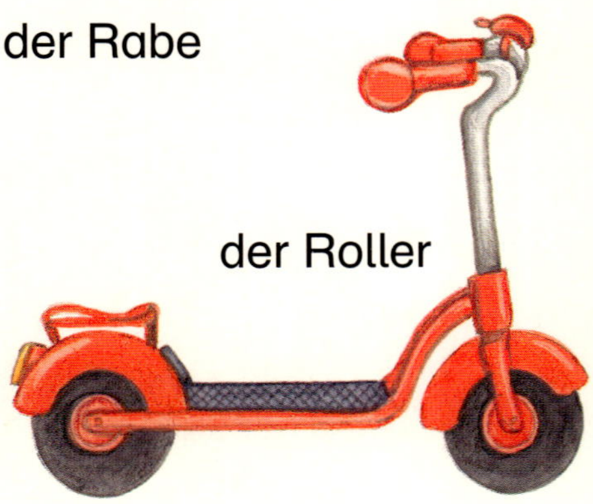

der Roller

die Rose

die Rutsche

die Rollerskates

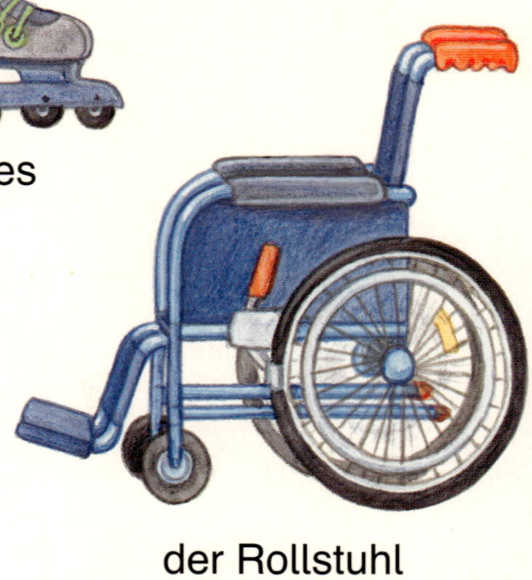

der Rollstuhl

der Pfeil

das Pony

der Pinsel

der Pilz

der Papagei

P

der Pinguin

die Paprika

die Praline

der Pullover

die Pizza

Was isst
die kleine Maus
am liebsten?

(Pizza mit Peperoni und Pilzen)

das Pflaster

die Pommes Frites

die Puppe

das Polizeiauto

das Puzzle

der
Nikolaus

N

die Nudel

der Nagel

die Nachtigall

Nicht nur Nüsse holt die Maus
aus ihrem großen Sack heraus.

die Nadel

der Nähfaden

das Nest

die Nelke

das Nashorn

O

die Orange

der Orang-Utan

das Osterei

der Osterhase

M

der Motorrad-
helm

das Motorrad

der Mond

der Maikäfer

Mit dem Motorrad fährt die Maus
um Mitternacht ganz schnell nach Haus.

das Maiglöckchen

die Muschel

die Möwe

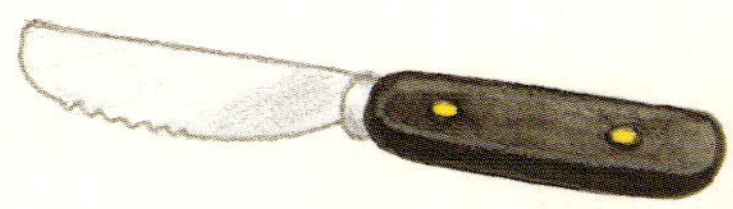

das Messer

die Melone

das Meerschweinchen

die Mohrrübe

die Murmel

die Mülltonne

das Müllauto

der Maulwurf

die Libelle

die Lampe

der Luftballon

L

Auf der langen
lila Leiter
klettert Mäuschen
immer weiter.

die Leiter

der Löffel

der Löwe

die Laterne

der Leuchtturm

der Löwenzahn

die Lokomotive

der Lastwagen

die Krone
(von der Königin)

der Knopf

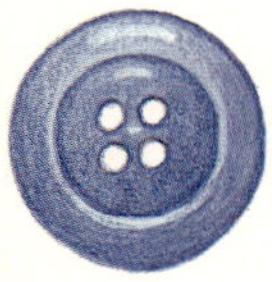

der Kran

die Kastanie

der Kopf

das Krokodil

die Kiste

Aus der Kiste gucken die Maus und das Krokodil heraus.

die Kerze

die Kirsche

der Käse

der Kaktus

die Krawatte

der Korb

das Känguru

die Kette

der Kamm

die Katze

I

der Iglu

Ich bin die Indianermaus
und komm beim Tanzen
ganz groß raus.

der Igel

der Iltis

die Insel

J

das Jogurt

die Johannisbeere

die Jeans

der Jogging-
anzug

die Jacke

das Jojo

Jedes Jahr im Januar joggt
die Maus im Schnee, na klar!

der Jaguar

die Halskette

die Himbeere

der Hubschrauber

H

das Herz

die Heuschrecke

der Hut

der Hammer

das Haus

die Handtasche

die Handschuhe

Hier ist die kleine Maus,
die hämmert mit dem Hammer
aus Holz ein feines Haus.

der Hahn

der Hase

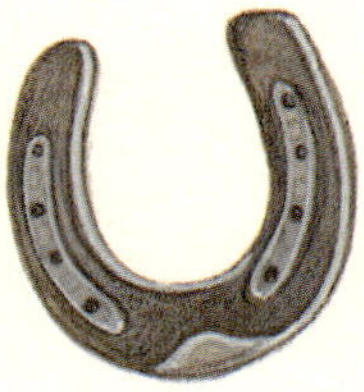
das Hufeisen

die Henne

der Hai

der Hund

Welches gruselige
Gespenst geistert
gerne mit der Glocke?

F

der Fußball

das Flugzeug

die Fußball-
schuhe

der Floh

die Fliege

der Fotoapparat

die Feder

Mit ihren fetzigen Fußballschuhen spielt Mausi fantastisch Fußball.

der Frosch

das Fahrrad

das Feuerwehrauto

der Fisch

die Flaschenpost

der Fuchs

die Eisenbahn

die Erdnuss

E

der Engel

Einmal im Jahr
darf die kleine Maus
ein Engel sein –
mit echten Engelsflügeln!

das Ei

die Erbse

der Eierbecher

die Erdbeere

der Esel

das Eis

das Eichhörnchen

die Ente

der Elefant

D

der Dinosaurier

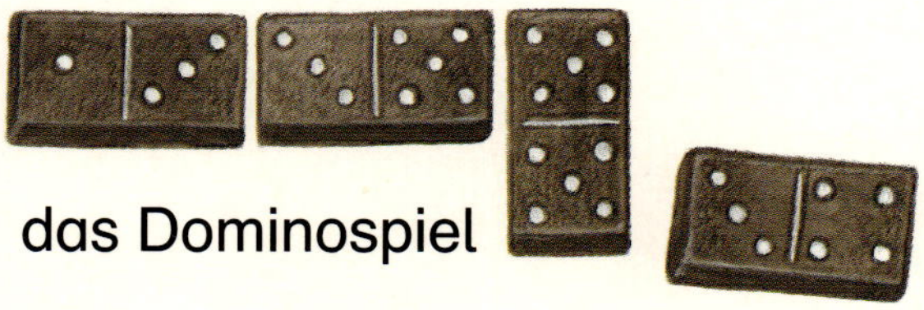

das Dominospiel

das Dreirad

Am Donnerstag düst die Maus mit dem Dreirad ins Dorf. Danach lässt sie Drachen steigen.

der Drachen

der Dampfer

die Dose

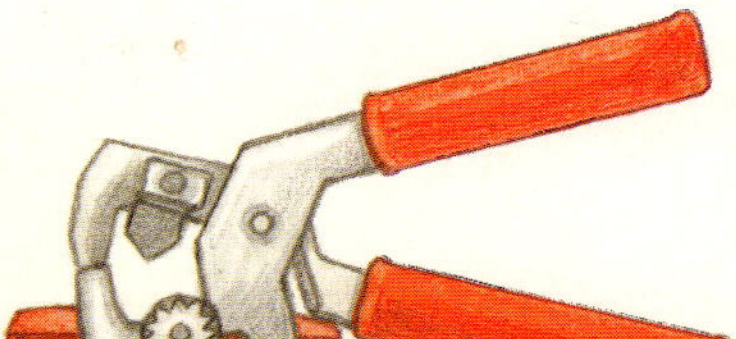

der Dosenöffner

der Delfin

das Dromedar

das Cello

die Creme

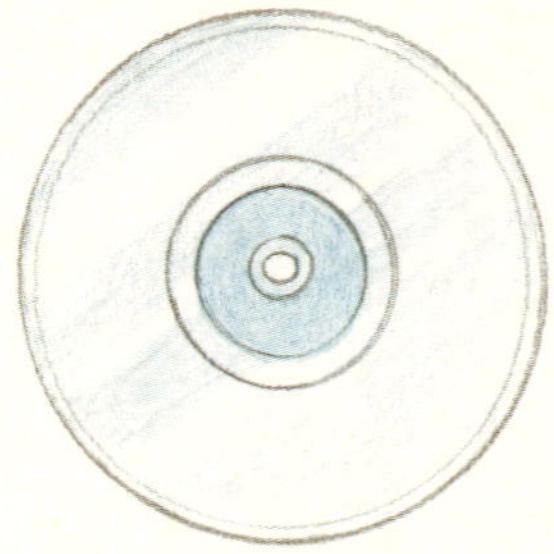

die CD

C

Die Maus übt auf
dem Cello viel.
Sie lernt es bald,
das Cellospiel.

das Chamäleon

die Cornflakes

der Champignon

der Computer

der Christbaumschmuck

das Comic-
heft

der Cowboy

die Banane

B

der Bikini

der Bauchnabel

der Brief

die Brille

Die kleine Maus findet
ihren bunten Bikini bildschön.

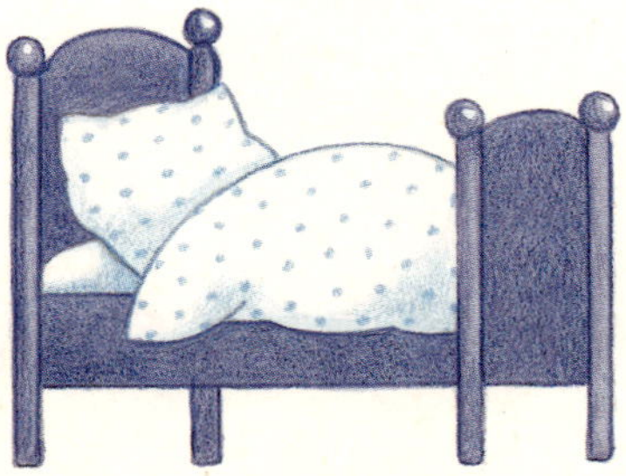

das Bett

der Bleistift

das Bonbon

der Baum

der Bagger

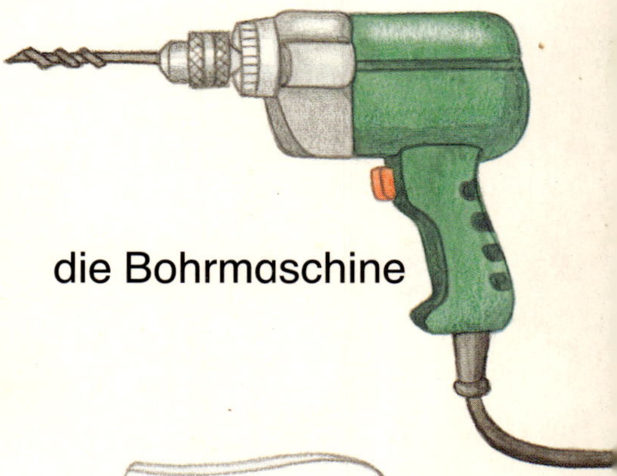

die Bohrmaschine

das Blatt

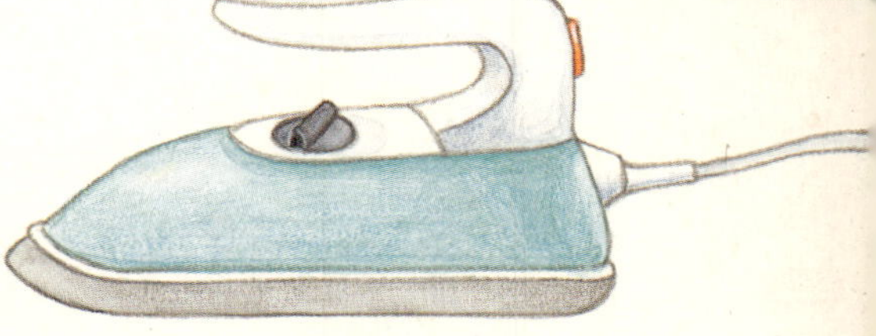

das Bügeleisen

die Biene

der Bär

der Ball

das Bilderbuch

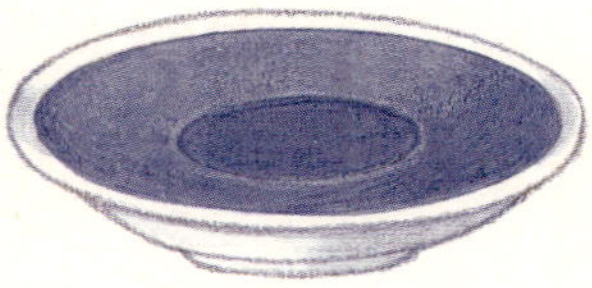

die Untertasse

der Uhu

das Unterhemd

die Unterhose

die Uhr

U

Die ultraleichte Unterwäsche der kleinen Maus ist unheimlich kuschelig.

die Vase

V

die Vogelscheuche

das Vogelhäuschen

das Verkehrsschild

das Veilchen

der Vulkan

das Vergissmeinnicht

Zum Vatertag pflückt die kleine Maus einen kleinen Strauß aus Veilchen und Vergissmeinnicht.

W

die Wolke

das Windrad

der Wellensittich

Mäuslein würfelt um die Wette. Wer hat zuerst eine Sechs?

die Wärmflasche

der Würfel

das Würfelspiel

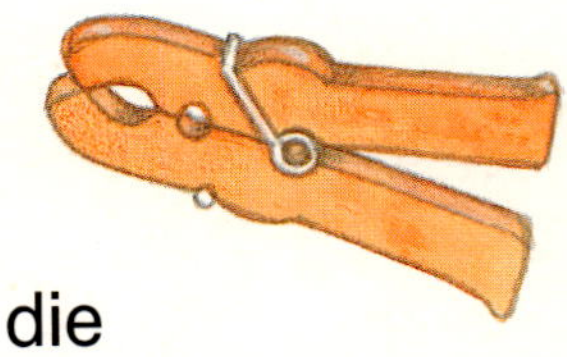

die Wäscheklammer

die Windel

die Wolle

das Würstchen

der Wolf

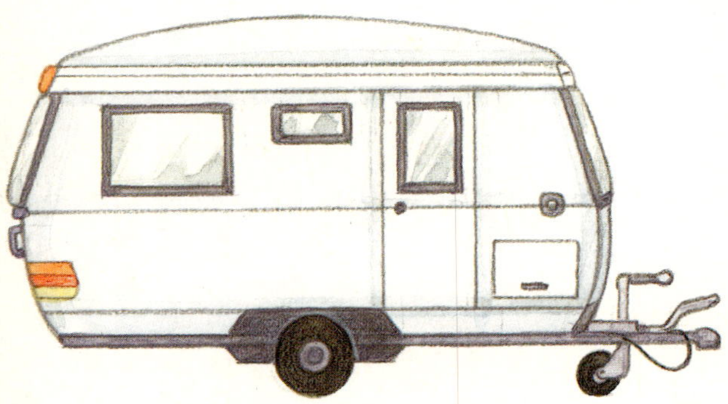

der Wohnwagen

die Weintrauben

der Wal